MW01265139

Published by My Generation of Polyglots Press

See our website for more great language learning teaching ideas and materials
https://mrpeto.wordpress.com/

Special thanks to Tatiana for providing the cover photo

Portuguese edition Copyright © 2017

Michael Peto
All rights reserved.

ISBN-13: 978-1979874410

ISBN-10: 1979874417

Spanish edition first published in 2015

About this book

Easy reading is the most effective way to build vocabulary and develop fluency in a second language. The earlier that students start supplementing their class time with easy reading, the quicker they acquire their second language. Linguist Stephen Krashen summarized decades of academic research on reading when he wrote, "those who read more... read better and faster, write better, have better vocabularies, more grammatical competence and suffer less from writer's block". This should be common sense: students need lots of compelling, comprehensible reading to develop their language skills.

This book was originally conceived in collaboration with my level 1 classes in the 2013-14 school year. The amusing plot was compelling to the fourteen year olds who led me along the process of creating it. In class we focus on high-frequency vocabulary so my students are capable of reading this book independently (with low-frequency terms defined in footnotes) by second semester.

Other teachers report that, in order to make sure that the reading experience is easy and fun, they teach it as a whole cass novel using techniques like Reader's Theater to bring the text to life. Still other teachers have told me that they save reading this novel until level 2 so that students will have the language background to enjoy the text on their own. There is no single "correct" way to read this book. My own approach combines elements of whole class reading with independent reading to encourage students to read at their own pace, while maintaining some accountability so that I can swoop in to help struggling readers. You can read about my approach on my blog: https://mrpeto.wordpress.com/2016/03/12/how-i-melded-ssr-with-whole-class-reading-to-encourage-independent-reading-with-accountability/

At the end of the book there is a two page word cloud for each chapter with key words in Portuguese to help activate the memories of students while they discuss the plot of the novel. I have several suggestions for using these word clouds.

I like to project these word clouds against a white board a day or two after students have read the chapter. I proceed to summarize the chapter while speaking entirely in Portuguese, pointing at the words and pausing to give students time to process. I am quick to write the English meaning on the board while my speech stays in the target language: the idea is to provide a crutch so that class conversation remains both comprehensible and in the target language.

These word clouds can also be used to facilitate paired student oral retells soon after reading. While I strongly prefer teacher-directed summaries in order to minimize hearing incorrect output in the classroom, short student to student conversations can build confidence.

An alternative to paired student oral output is a whole class *Write and Discuss* activity. In a W&D activity the teacher writes the first word of a sentence on the board to prompt student responses. Students look at the word cloud in their book and, as they call out possible words to complete the sentence, the teacher chooses one and writes it making necessary corrections on the board. I typically then add an appropriate transition word so that even students in level 1 are exposed to complex sentence structure. After a few minutes we will have a complete paragraph written on the board, prompted by student input but written correctly by the teacher.

We may chorally translate the paragraph to make sure everyone understands the text, or I may have students copy the text into their notebooks and translate at home (which, in fact, is simply another excuse to get them to reread the text). When parents ask me how their child can best review for the mandatory final exam that our district requires, I always tell them to have their child reread all of the texts copied into their notebook.

I would like to thank Esther Vieira for her thoughtful review of the Portuguese translation. Your comments have made this a better text.

Finally, I would like to dedicate this book to a wonderful Portuguese professor that I had when I was a graduate student at the University of Kansas in Lawrence. The late Jon S Vincent, or simply *Vicente* to his students, was beloved for his tremendous sense of humor and passion for bringing Brazilian culture to the American prarie. Brazil never fails to mesmerize; the people, places, even the pleasant melodic flow of spoken Brazilian Portuguese. The only concievable way to repay such an enormous debt to the person who opened this world to me is to attempt to pass that experience on. I hope that this book helps language learners master this beautiful language and travel further down their own personal path to Brazil.

7

Superhambúrguers

An easy to read novel

for learners of Portuguese

by Mike Peto

with the inspiration of
his level 1 classes
2013-14

Capítulo zero: Jéssica

Você é a flor...

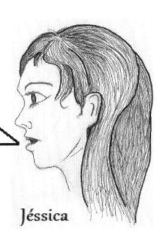

Jéssica

Rodney,

Você é a flor na minha salada e

o unicórnio nos meus sonhos.

Eu te amo TE AMO Te amo *para sempre*.

BEIJOS QUENTES agora e

quando estiver morta

te darei

BEIJOS

FRIOS,

Jéssica

Aqui está uma carta de amor que escrevi para Rodney, mas não vou lhe dar a carta. É um amor secreto.

Ninguém sabe que eu estou louca por Rodney. Eu **faria qualquer coisa**[1] por ele. Por exemplo, sempre faço suas tarefas escolares. **Não julgue mal**[2] o que eu disse... normalmente sou uma garota bem prudente e inteligente.

O amor me faz tonta.

---

[1] **Eu faria qualquer coisa:** I would do anything
[2] **Não julgue mal:** Do not judge me

Capítulo UM: rodNey

Eu nunca lavo as mãos...

Rodney

Eu nunca lavo as mãos quando trabalho em *Superhambúrguers*, o restaurante de hambúrgueres que ninguém gosta. Ninguém gosta do restaurante porque eu sou um **empregado**[3] sujo com as **mãos sujas**[4]. Ha ha ha. Mas eu gosto assim; pois posso fazer as tarefas escolares se ninguém vem ao restaurante. Um restaurante **vazio**[5] é um bom lugar para fazer as tarefas escolares.

Um dia eu estou

---

[3] **empregado**: employee
[4] **mãos sujas**: dirty hands
[5] vazio: empty

fazendo as tarefas escolares da **classe de química**[6] quando Bobby Snickerdale e sua *amiga especial*, Fifi Março, entram no restaurante.

Fifi não é a noiva de Bobby, mas ela quer ser sua noiva. Ninguém está no restaurante. Eu os vejo com surpresa.

« Pode ser que não sabem? », me pergunto.

«É um lugar perfeito», diz Bobby, «podemos falar aqui e ninguém vai nos ver. É um lugar secreto».

«Bem-vindos a Superhambúrguers», lhes digo. **Não lhes sorrio**[7]. Quero **que saibam**[8] que não são bem-vindos. Tampouco lhes olho; sempre olho a **parede**[9] quando falo. Penso, «**preciso lhes ensinar**[10] uma lição para que não voltem», mas não digo nada.

---

[6] **classe de química**: chemistry class
[7] **não lhes sorrio**: I do not smile at them
[8] **que saibam:** that they know
[9] **parede**: wall
[10] **preciso lhes ensinar**: I need to teach them

14

Bobby lê o **cardápio**[11] e me faz uma pergunta: « Qual é a diferença entre um hambúrguer e um *superhambúrguer*? ». Que idiota!

Olho para ele sem dizer nada por uns segundos.

«Um *superhambúrguer* tem um **molho secreto**[12]. Um hambúrguer não tem, é normal e **chato**[13]. »

Bobby e Fifi decidem pedir dois *superhambúrguers* com fritas e dois copos de Coca-Cola. Lhes dou um papelzinho com o número 398. É brincadeira porque não tem outros números, só tem papeizinhos com o número 398.

«Esperem que chame o número», lhes digo sem sorriso.

Bobby e Fifi não querem falar comigo. Quando vão a sua mesa Fifi lhe diz a Bobby, " Tem pessoas que sempre **estão de mal com a vida**[14]. Eu não as compreendo».

---

[11] **cardápio**: menu
[12] **molho secreto**: secret sauce
[13] **chato**: boring
[14] **estão de mal com a vida**: they are angry at life

Quero gritar, «Fifi, quero fazer minhas tarefas escolares em silêncio. Por favor, vai a Carl´s Jr, ou ao Wendy´s, ou a **qualquer outro**[15] restaurante... mas **me deixem em paz**[16]! »

Antes de comer, eles vão ao banheiro para lavar as mãos. Fifi vai ao banheiro das garotas e Bobby vai ao banheiro dos rapazes. Eu vou ao banheiro também.

No banheiro Bobby me vê, o empregado sujo. Saio da **cabine do banheiro**[17] mas não lavo as mãos. Bobby me olha e eu sei o que está pensando: « NÃO LAVA AS MÃOS?! **Que nojo**[18]! »

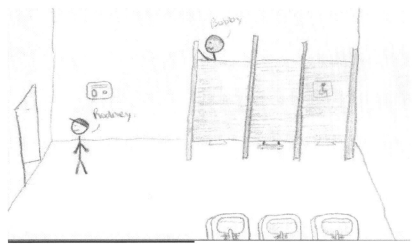

---

[15] **qualquer outro**: any other
[16] **me deixem em paz**: leave me in peace
[17] **cabine do banheiro**: bathroom stall
[18] **Que nojo**: Disgusting!

Eu sei o que está pensando.

Bobby volta à mesa. Tem as **mãos limpas**[19], mas pensa nas minhas **mãos sujas**[20]. Quero **que saiam**[21], mas Bobby não diz nada a Fifi.

Depois de uns minutos eu grito, «Trezentos noventa e oito».

« TREZENTOS NOVENTA E OITO! ».

Bobby vem para pegar a comida. Eu, o empregado sujo, lhe dou e quando lhe dou a comida também lhe dou um sorriso. É um **sorriso malvado**[22]. Lhe digo, «espero que vocês gostem do molho secreto, he-he-he».

---

19 **mãos limpas**: clean hands
20 **mãos sujas**: dirty hands
21 **que saiam**: that they leave
22 **sorriso malvado**: wicked smile

18

Em vez de comer[23], Bobby lhe dá sua comida a Fifi. Fifi come dois *superhambúrguers* sujos y duas fritas.

Antes de sair do restaurante Fifi corre ao banheiro. Bobby a espera no carro.

Quando Fifi sai do restaurante, ela está pálida. Sorri **debilmente**[24], mas é óbvio não se sente bem.

Bobby a olha e lhe pergunta, « você lavou as mãos? ».

« Claro! Sempre lavo as mãos. »

Bobby arranca o carro para sair, mas Fifi grita, « espera! ».

Fifi sai do carro outra vez e corre **de novo**[25] ao banheiro do restaurante.

Bobby teve que parar o carro duas vezes mais para que Fifi faça cocô na floresta. Quando Fifi sai, Bobby limpa o carro com Purell.

---

[23] em vez de comer: instead of eating
[24] debilmente: weakly
[25] de novo: again

19

«Fifi», diz Bobby, «você tem um problema. Você vai muito ao banheiro. Não quero ser amigo de uma garota que sempre vai ao banheiro. Sinto muito, mas você **me dá nojo**[26]. Tchau!».

Fifi quer falar com Bobby. Quer explicar tudo. Fifi quer explicar, mas não pode. Precisa ir ao banheiro outra vez. Ela corre a sua casa sem dizer nenhuma palavra e Bobby sai rápido.

Ninguém vai ao restaurante Superhambúrguers porque todos sabem que o empregado sujo não lava as mãos. Muitas pessoas vomitam, inclusive nossa amiga especial. É a última noite.

O dono[27], Senhor Superhambúrguers, tem que fechar o restaurante para sempre porque ninguém vai comprar os hambúrgueres. Eu **perco**[28] meu trabalho, mas **não me importa**[29].

Já não[30] preciso de um trabalho.

---

[26] **me dá nojo**: you disgust me
[27] **o dono**: the owner
[28] **perco**: I lose
[29] **não me importa**: it does not matter to me
[30] **já não:** no longer

Capítulo Dois: Jéssica

Eu conheci Rodney...

Jéssica

Eu **conheci**[31] Rodney na aula de química. Para ele eu sou **quase**[32] invisível. Sou sua **companheira de laboratório**[33], mas ele nem sabe meu nome. Mas hoje é diferente. Hoje me vai notar.

O curso de química é muito difícil, nível AP. Rodney é um bom estudante que toma muitos cursos AP. Precisa trabalhar para pagar todos os exames AP. Precisa de mil dólares para pagar os exames (tem muitos). Os pais de muitos estudantes pagam os exames, mas os pais de

---

[31] **conheci**: I met
[32] **quase**: almost
[33] **companheira de laboratório**: lab partner

Rodney não os pagam. Rodney é o único que tem que pagar seus exames.

Os pais de Rodney dizem que não tem dinheiro

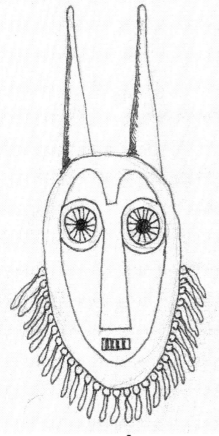

uma máscara

para pagar os exames. Pode ser que sim, pode ser que não. A verdade é que seus pais estão **obcecados**[34] com as **máscaras**[35] de Carnaval que se usam em vários países. Lá no Brasil o uso de máscara não é muito comum, mas nos carnavais em Bolívia, Veneza, Santo Domingo

---

[34] **obcecados**: obsessed
[35] **máscaras**: masks

23

e até em alguns lugares em Portugal tem máscaras muito interessantes. Uma vez seus pais foram a Portugal onde encontraram uma loja de máscaras e **se fascinaram**[36]. Agora eles têm uma **coleção** grande de máscaras. Fazem muitas viagens a países onde tem carnavais e **gastam**[37] quase todo o dinheiro em máscaras. As vezes seus pais passam semanas inteiras **no estrangeiro**[38] e Rodney fica só na casa, sem nenhum adulto.

Por isso Rodney trabalha num restaurante de comida rápida. Bom, *trabalhava*[39], porque o restaurante fechou para sempre. Era o restaurante de meu pai. A mim não me importa, temos muito dinheiro, mas Rodney não sabe nada de isso. Ele não sabe que o **dono**[40] é meu pai. Ele não sabe que fui eu que falei com meu pai **para que Rodney tivesse**[41] o trabalho. Ele não sabe o muito que lhe quero.

A Rodney não importa que o restaurante fechou para sempre. Só precisa de mil dólares e já

---

[36] **se fascinaram**: they became fascinated
[37] **gastam**: they spend
[38] **no estrangeiro**: outside of the country
[39] **trabalhava**: used to work
[40] **dono**: owner
[41] **para que Rodney tivesse**: so that Rodney got

tem mil dólares e **três centavos**[42] no banco. Não precisa de mais dinheiro. Ele acha que hoje é um dia perfeito porque não tem que trabalhar em *Superhambúrguers* depois das classes. Hoje sim é um dia perfeito: é o dia em que eu vou lhe dizer toda a verdade.

Ele chega à aula de química pensando na aula de história. Sua professora **lhe devolveu uma redação**[43]. A professora lhe escreveu uma mensagem especial na margem da redação. Ela escreveu: «você é MUITO inteligente... quero que seja meu filho». Rodney sorriu porque é a verdade... ele é um rapaz muito inteligente.

Mas o trabalho do curso de química é muito mais difícil e ele sempre precisa da minha ajuda. Eu compreendo química. Faço as tarefas escolares, **logo**[44] as explico. Sem minha ajuda, Rodney não pode ter boas notas.

---

[42] **três centavos**: three cents
[43] **lhe devolveu uma redação**: returned to him an essay
[44] **logo**: soon after

Ele acha que hoje é um dia perfeito porque não tem que trabalhar em *Superhambúrguers* depois das classes.

Hoje sim é um dia perfeito

É o dia em que eu vou lhe dizer toda a verdade.

Rodney se senta ao meu lado. Eu estou chorando. Bom, não estou chorando de verdade, **estou me fazendo de chorona**[45] para que me pergunte o que passa.

«Que foi? », me pergunta Rodney.

«Problemas em casa», lhe digo.

«Sinto muito... ¿vamos a começar a tarefa? **Precisamos fazê-la**[46]...»

---

[45] **estou me fazendo de chorona**: I am pretending to be a crybaby
[46] **precisamos fazê-la**: we need to do it

«Sinto muito, mas não posso trabalhar hoje. Tem coisas mais importantes.»

Choro como uma criança que perdeu seu **pirulito**[47].

« Tem alguma coisa que eu possa fazer? », me pergunta Rodney, «sou muito inteligente».

«Acho que não», lhe respondo, «é que meu pai perdeu o trabalho e não sei se podemos ficar em nossa casa. É um desastre».

Se me convida[48] a sua casa... tudo seria perfeito!

«Sinto muito... a economia está um desastre».

«Não é a economia, não. É o meu pai. Meu pai é **doido**[49]. Sempre abre restaurantes que ninguém gosta. Não compreendo... eu acho que seus hambúrguers são **ótimos**[50], mas ninguém gostava».

« Hambúrguers? », me pergunta, « Espera! Como você se chama? »

---

[47] **pirulito**: lollipop
[48] **se me convida**: if he invites me
[49] **doido**: foolish crazy
[50] **ótimos**: great

28

Eu o olho bem **como se fosse estúpido**[51], porque de verdade ele deve de saber meu nome. Agora não vou ser invisível... por fim Rodney me vai ver. Agora me vai prestar atenção.

«Eu me chamo Jéssica».

«Não», quase me grita, «seu nome completo... qual é seu nome completo? »

«Jéssica Susana, mas todos me dizem Jéssica».

«Não», me responde com impaciência, « qual é seu **sobrenome**[52]?!»

« Meu sobrenome? *Superhambúrguers*. Sou Jéssica Susana Superhambúrguers. Por que? »

« Seu pai é o senhor Superhambúrguers? »

«Claro. »

Vejo a **culpa**[53] nos olhos de Rodney. Rodney sabe por que ninguém gosta dos hambúrguers de *Superhambúrguers*, mas não me diz nada. Sabe que ele tem a culpa. Nunca se lavava as mãos no

---

[51] **como se fosse estúpido**: as if he were stupid
[52] **sobrenome**: last name
[53] **culpa**: guilt

banheiro e todos vomitavam depois de comer os hambúrguers.

Ele achava que era **engraçado**[54]. Foi uma **piadinha**[55]. Rodney não se importava porque **só precisava**[56] ganhar mil dólares... mas agora se importa. Se importa porque eu sou sua companheira de laboratório. Se importa porque me precisa. Rodney precisa que eu trabalhe na aula de química. Se importa comigo porque não pode **aprovar no curso**[57] sem minha ajuda.

Cubro[58] meu rosto com as mãos **como se estivesse chorando**[59] de verdade. Olho **pelos dedos**[60] e vejo que Rodney está muito preocupado. Bom, agora sabe que eu existo. Nunca vai esquecer meu nome. O plano está saindo bem.

---

[54] **engraçado**: funny
[55] **piadinha**: joke
[56] **só precisava**: he only needed
[57] **aprovar no curso**: pass the course
[58] **cubro**: I cover
[59] **como se estivesse chorando**: as if I were crying
[60] **pelos dedos**: through my fingers

Nunca vai esquecer meu nome.

Capítulo Três: Rodney

Rodney

    Depois da aula[61] caminho a casa. Penso nos meus problemas. Preciso de ajuda para entender a química. ¿Entender? Não, entender química é impossível. Preciso que a garota da aula **faça**[62] as tarefas de química e que me explique.

    Mas se ela... como se chama? Jennifer? Jasmine? Jacqueline?

    Não importa, porque se ela não pode ficar na casa com seu pai, ela não vai fazer as tarefas de química. Se ela não faz as tarefas, ela não pode me ajudar. Então ela precisa de dinheiro.

---

[61] **depois da aula:** after class
[62] **faça:** (that she) does

Se ela precisa de dinheiro, eu preciso de dinheiro. Agora não tenho trabalho... como posso ganhar dinheiro **para que ela possa ficar**[63] em sua casa?

Um carro de garotas passa por mim rapidamente. As garotas **se riem**[64] e escutam música. **Reconheço**[65] o carro; é o carro vermelho de Fifi Março.

É o carro vermelho de Fifi Março.

---

[63] **para que ela possa ficar**: so that she can stay
[64] Se riem: they laugh
[65] Reconheço: I recognize

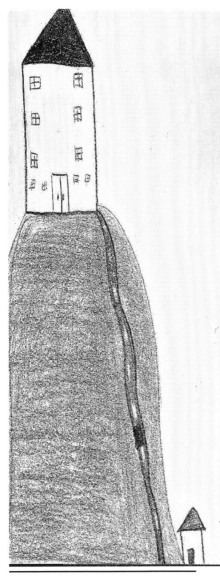

Fifi mora numa casa bonita **na parte mais alta de uma colina**[66]. Seu pai tem muito dinheiro. Eu moro numa das casas pequenas **ao pé da colina**[67].

Cada noite escuto os **latidos**[68] do cachorro de Fifi. O cachorro de Fifi é pequeno mas tem uma boca grande. As vezes não posso dormir porque o cachorro **ladra**[69] muito.

Quando Fifi passa em seu carro

---

[66] Na parte mais alta de uma colina: on the highest parto of a hill
[67] Ao pé d colina: at the foot of the hill
[68] Latidos: the barking
[69] Ladra: barks

bonito eu penso: «**ROUBA O CACHORRO**[70]».

¿Por que não?

Roubo o cachorro e lhe digo ao pai de Fifi que ele tem que me dar muito dinheiro. Roubo o cachorro e «encontro» o cachorro depois, **pedindo-lhe**[71] dinheiro. Posso lhe dizer ao pai que sou investigador de **cachorros perdidos**[72]. O pai de Fifi não precisa de tanto dinheiro. Vou roubar o cachorro!»

---

[70] **rouba o cachorro**: steal the dog
[71] **pedindo-lhe**: asking him for
[72] **cachorros perdidos**: lost dogs

«Não se preocupe», lhe escrevo a Jessica por Twitter, «eu tenho a solução».

Esta noite espero até as onze. Meus pais estão em México comprando máscaras, **então**[73] não tenho que **esconder-me deles**[74].

Espero que Fifi esteja dormindo. Subo a colina para a casa de Fifi. Tenho uma mochila para o cachorro. Quando subo a colina, escuto o cachorro que **late**[75] muito. Quando chego a casa de Fifi, vejo duas coisas. Primeiro, os carros não estão. Ninguém está em casa. Vai ser fácil. Segundo, a casa é muito mais grande que eu achava antes. O pai de Fifi tem muito, muito dinheiro.

Vou roubar o cachorro!

---

[73] **então**: so
[74] **esconder-me deles**: to hide myself from them
[75] **late**: barks

Capítulo Quatro: Jéssica

Estou em meu dormitório...

Jéssica

Estou em meu dormitório escrevendo poemas de amor. Estou **frustrada**[76] porque não posso encontrar nem uma palavra que **rime**[77] com «Rodney». Recebo um *tweet* misterioso de Rodney. «Eu tenho a solução», escreveu Rodney.

«Que solução?», me pergunto.

Fico triste porque penso que Rodney está fazendo as tarefas escolares de química. Se Rodney tem a solução... ele não me precisa?

---

[76] **frustrada**: frustrated
[77] **rime**: rhymes

Começo a chorar porque penso que Rodney não me precisa quando **lembro**[78] que hoje não tem tarefas escolares. Olho o livro de química y vejo que não tem tarefa. Então Rodney não está falando das tarefas escolares. Me pergunto outra vez: de que está falando?

De repente[79] tive a idéia que Rodney está falando do «problema» de seu amor para mim. Sim, claro, é óbvio! O problema é o amor, e agora... Rodney tem a solução! É um rapaz inteligente, sim.

Meu pai, "o senhor Superhambúrguers", **toca**[80] a porta de meu quarto.

«Oi Jess, está aí?».

«Estou ocupada, papai, estou escrevendo».

Ele abre a porta.

«Vou sair para trabalhar.»

«No restaurante?», lhe pergunto.

«Não... vou fazer outro trabalho.»

---

[78] **lembro**: I remember
[79] **de repente**: suddenly
[80] **toca**: knocks on

«No banco? »

«Não. »

«No museu? »

«Não, tenho outro trabalho. O encontrei hoje. Nem sempre preciso de sua ajuda, não sou **tão estúpido como acha você**[81]. »

O olho mas não digo nada.

«Bom, vou embora», me diz.

Quando fecha a porta eu não penso mais em meu pai. Estou pensando numa dança moderna que **vou coreografar**[82] para expressar o meu amor para Rodney.

---

[81] **tão estúpido como acha você**: as stupid as you think
[82] **vou coreografar**: I am going to choreograph (plan movements of a dance)

Capítulo Cinco: Rodney

A porta da casa de Fifi está...

Rodney

A porta da casa de Fifi está **trancada**[83], mas tem uma **janela**[84] aberta. Posso ouvir o cachorro **latindo como se estivesse louco**[85]. Entro na casa **obscura**[86] pela janela. Não posso ver nada porque não tem luz, mas imediatamente eu sei que tem um problema. Alguém está no quarto. **Dou uma volta**[87] para sair mas **ouço**[88] a voz de Senhor Superhambúrguers.

---

[83] **trancada**: locked
[84] **janela**: window
[85] **latindo como se estivesse louco**: as if he were crazy
[86] **obscura**: dark
[87] **dou uma volta**: I turn around

«**Não se mexa**[89]! », diz Señor Superhambúrguers, «não se mexa ou morra».

Pouco a pouco posso ver mais na **escuridão**[90] da casa. Por fim posso ver a figura de Senhor Superhambúrguers, com uma pistola na mão.

« Rodney? », me pergunta o senhor Superhambúrguers, « O que é que você faz aqui?»

---

[88] **ouço**: I hear
[89] **não se mexa**: don´t move!
[90] **escuridão**: darkness

«**Roubar[91]**», respondo. «Sinto muito, senhor. Por favor, não chame a polícia. »

« A polícia? Hahaha. Estou aqui para roubar também. »

O senhor Superhambúrguers levanta a mão sem pistola e vejo que tem uma **pintura[92]** na mão. «A pintura é uma autêntica **Nuno Gonçalves[93]**... vale milhões de dólares. Que você quer roubar? »

«Estava pensando em roubar o cachorro para que me dê **cinquenta[94]** dólares. Ou **cem[95]**, talvez.»

« ¿Cem dólares? Rodney, precisa usar mais a imaginação. **Você pode chegar muito longe na vida[96]** se usa a imaginação, mas não vai chegar a nada se não usa a imaginação».

Precisa usar a imaginação

---

[91] **roubar**: to steal
[92] **pintura**: painting
[93] **Nuno Gonçalves**: famous 15th century Portuguese artist whose masterpieces have been mostly lost
[94] **cinquenta**: fifty
[95] **cem**: One hundred
[96] **você pode chegar muito longe na vida**: you can go far in life

Precisa usar a imaginação.

De repente[97] alguém **acende**[98] a luz y vejo a figura de Fifi Março na porta.

« Quem são vocês? », diz Fifi. Ela tem a cara de uma garota que estava dormindo e, **ainda tem sono**[99].

Ao me ver ela grita, « VOCÊ! Você é o moço de *Superhambúrguers*. Eu tive diarréia por sua culpa!»

«Sinto muito Fifi, é que...», **começo a**[100] dizer mas paro de falar quando o Senhor Superhambúrguers **aponta**[101] a pistola en direção a Fifi.

«Conhece? », lhe pergunta a Fifi. Quando ela vê a pistola, ela **se desperta**[102] de completo.

«É o moço sujo que não se lavava as mãos... todos o conhecem», diz Fifi. Ela só quer voltar a cama.

«Então você tem que vir com a gente», responde Superhambúrguers.

---

[97] **de repente**: suddenly
[98] **acende**: turns on
[99] **ainda tem sono**: she is still sleepy
[100] **começo a dizer**: I start to say
[101] **aponta**: takes aim
[102] **se desperta**: she wakes up

Capítulo 6: O Senhor Superhambúrguers

A idéia de roubar o cachorro

não era má

Superhambúrguers

«A idéia de roubar o cachorro não era **má**[103], mas Senhor Março vai pagar muito mais por sua filha», lhe digo a Rodney. Gostei de trabalhar com Rodney no restaurante mas se ele quer roubar, precisa de um professor. Precisa de um profissional como eu.

A menina Fifi está no **porta-malas**[104] do carro, **amarrada**[105] y com a mochila sobre a cabeça **para que não possa**[106] ver nada.

---

[103] **má**: bad
[104] **porta-malas**: trunk
[105] **amarrada**: tied up
[106] **para que não possa**: so that she cannot

«O problema é que ela sabe quem é você, então não podemos **devolvê-la**[107]. Temos que matá-la. Bom... podemos devolvê-la morta, mas não podemos devolvê-la viva».

«**Podemos hipnotizá-la**[108] para que ela **não lembre**[109] nada», sugere Rodney. Não quer matar ninguém.

«Boa idéia», digo sarcasticamente, «Ela sabe quem é você. Ela **conhece**[110] você! Você quer ter uma vida normal? Você quer ir a uma universidade? Quer ter noiva? Ou prefere ir para **prisão**[111]? Se ela volta a casa, ela vai falar com a polícia e você vai para prisão. Quer morar na prisão com assassinos e outras pessoas **malvadas**[112]? »

Rodney **não esperava**[113] que um **delito**[114] tão pequeno **chegasse a assassinato**[115]. Mas eu não

---

[107] **devolvê-la**: return her
[108] **podemos hipnotizá-la**: we can hypnotize her
[109] **não lembre**: does not remember
[110] **conhece**: knows
[111] **prisão**: prison
[112] **malvadas**: wicked, cruel
[113] **não esperava**: did not expect
[114] **delito**: crime, misdemeanor
[115] **chegasse a assassinato**: lead to murder

vou para prisão. Tenho que falar com ele agora **para que leve a sério**[116] o trabalho de roubar. **Se não tem cuidado**[117], é fácil terminar na prisão.

«Primeiro precisamos de um lugar para a esconder. Não podemos matá-la **até ter**[118] o dinheiro. A polícia vai **procurar**[119] por ela. Precisamos de um lugar secreto. Estou pensando em sua casa. »

« Minha casa? », diz Rodney.

«Sim. Tem algum problema? Você me disse que seus pais estão em México.

---

[116] **para que leve a sério**: so that he takes seriously
[117] **se não tem cuidado**: if he is not careful
[118] **até ter**: until we have
[119] **procurar**: search

Podemos **esconder**[120] a garota em sua casa. É perfeito. »

«**E assim**[121] começa minha vida criminal», diz Rodney.

«**Assim não**[122]», respondo, «sua vida criminal começou no restaurante quando **causou doenças nas pessoas**[123]. Não lavar as mãos é um **delito**[124] no estado de Califórnia. É um delito muito **engraçado**[125]», digo eu. Sorri **como se fossemos amigos**[126].

Não somos amigos.

Posso trabalhar com Rodney, ou posso matá-lo. **Não me importa**[127].

---

[120] **podemos esconder**: we can hide
[121] **e assim**: and so, like that
[122] **assim não**: not like that
[123] **causou doenças nas pessoas**: you made people sick
[124] **delito**: a minor crime
[125] **engraçado**: funny
[126] **como se fossemos amigos**: as if we were friends
[127] **não me importa**: it does not matter to me

Capítulo Sete: Rodney

Quando entramos na minha casa...

Rodney

Quando entramos na minha casa já sei que não vou matar Fifi. Não posso. Preciso encontrar outra maneira.

« O que é isso? », diz o senhor Superhambúrguers quando entramos a casa. Está olhando a **coleção**[128] de máscaras.

«Meus pais **colecionam**[129] máscaras. Tem umas muito velhas», digo sem pensar. «**Veja**[130], roubar é uma coisa, mas matar é outra coisa. Acho que não precisamos matar a garota. »

---

[128] **coleção**: collection
[129] **colecionam**: they collect
[130] **veja**: look

Superhambúrguers me olha **como se eu fosse**[131] estúpido. «**Esconde**[132] a garota no **porão**[133],» diz Superhambúrguers, «e **falaremos**[134] depois».

Levo a Fifi ao porão, **baixando a escada**[135] e fechando a porta para que o senhor Superhambúrguers não possa ouvir nada. Tiro a mochila da cabeça e a olho nos olhos.

«Fifi», digo, «eu quero ajudar. O senhor Superhambúrguers é um homem muito **perigoso**[136]. Ele quer matar você. Precisa **fugir**[137]. Você precisa ir para a polícia. Se o senhor Superhambúrguers sabe que eu lhe ajudei, acho que vai nos matar a nós dois».

Abro uma janela pequena na parte mais alta da parede. Ponho uma **caixa**[138] debaixo da janela.

---

[131] **como se eu fosse**: as if I were
[132] **esconde**: hide
[133] **porão**: basement
[134] **falaremos**: we will talk
[135] **baixando a escada**: going down the stairs
[136] **perigoso**: dangerous
[137] **fugir**: escape
[138] **caixa**: box

«Vai embora», lhe digo, «**foge**[139] e chama a polícia, por favor».

«Não vou não», me diz Fifi. «Eu não vou. Já chamei meu papai e ele vai chegar num momento».

Estou surpreso. É que ela não entende que o senhor Superhambúrguers pode matar seu pai também?

Fifi tira seu **celular**[140] de um **bolso**[141] secreto da jaqueta y tira uma foto de Rodney.

«Mas, Superhambúrguers vai matar seu pai também! Tem que fugir! »

«Você não sabe quem é meu pai. Meu pai é **narcotraficante**[142]. Todos têm medo dele. Estás morto, moço sujo. »

«Mas, Fifi, eu quero ajudar», choro.

« MORTO! », grita Fifi.

Subo a escada rapidamente e abro a porta. Olho na **sala**[143], mas o senhor Superhambúrguers

---

[139] **foge**: escape
[140] **celular**: cell phone
[141] **bolso**: pocket
[142] **narcotraficante**: drug trafficker

não está. Olho na **cozinha**[144], y depois no banheiro, mas o senhor Superhambúrguers não está.

Quando volto à sala vejo que as máscaras também já não estão. Fico **doido**[145] porque o

---

[143] **sala**: living room
[144] **cozinha**: kitchen
[145] **doido**: crazy mad

senhor Superhambúrguers me roubou as máscaras, mas a irritação **não dura muito**[146]. Alguém abre a porta da casa e vejo três homens grandes com pistolas.

Atrás de mim a porta do porão abre, e **ouço**[147] a voz de Fifi.

«É ele», diz Fifi, «ele fez ficar doente com diarréia porque nunca lava as mãos. Bobby não quer ser meu noivo porque eu tinha diarréia. É um garoto terrível. É um garoto horroroso. É um garoto **nojento**[148]. Mata-o.».

---

[146] **não dura muito**: does not last long
[147] **ouço**: I hear
[148] **nojento**: disgusting

Capítulo Oito: Jéssica

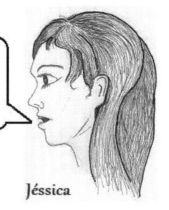

Eu estou terminando...

Jéssica

Eu estou terminando todas as tarefas do curso de química para **o ano inteiro**[149] quando meu papai volta a casa com uma coleção de máscaras e uma pintura velha. Eu sei que as máscaras são dos pais de Rodney porque **as tinha visto**[150] muitas vezes quando subo a **árvore**[151] para olhar a casa de Rodney.

«Papai», digo, «você me **prometeu**[152] que nunca ia roubar de meus amigos. Rodney é meu amigo. Tem que **devolver**[153] as máscaras».

---

[149] **o ano inteiro**: the whole year
[150] **as tinha visto**: I have seen them
[151] **árvore**: tree
[152] **prometeu**: you promised

«Não posso», grita meu pai, « NÃO POSSO! Tudo saiu mal. É Fifi Março sua amiga também? »

« Fifi Março? Não, ela é a filha de um narcotraficante. Não é minha amiga. »

« Um narcotraficante?! Por que não me disse antes? Seu amigo está morto, e nós também se não fugimos agora mesmo».

Meu pai me explica tudo... ele estava roubando a coleção de máscaras quando viu os

Papai, você me prometeu que nunca ia roubar de meus amigos.

---

[153] **devolver**: return

homens com pistolas **pela janela**[154]. Ele teve tempo de esconder-se **num armário**[155] e escutou tudo.

«Vamos», grita meu pai, «**se nos pegam**[156], estamos mortos. Precisamos ir embora».

«Não, não vamos correr», lhe digo. Eu sei que se corremos, não posso salvar a Rodney. Lhe digo a meu pai, «se corremos, temos que correr toda a vida. Agora sabemos onde vão estar… vão estar aqui. Podemos nos preparar. Temos **a vantagem**[157], se temos um plano. Ficamos aqui. ».

Procuro meu kit de química. Tenho um plano. Vou salvar Rodney, o amor de minha vida… e Rodney por fim vai **apaixonar-se por**[158] mim.

---

[154] **pela janela**: through the window
[155] **num armário**: in a closet
[156] **se nos pegam**: if they catch us
[157] **a vantagem**: the advantage
[158] **apaixonar-se por**: to fall in love with

Capítulo Nove: Rodney

São as duas da manhã...

Rodney

São as duas **da manhã**[159]. Estou no pátio **atrás da**[160] casa de Fifi, **ao lado da**[161] piscina. Posso ver toda a cidade e, com a **lua cheia**[162], tem muita luz. Toda a cidade está dormindo. Eu posso ver minha casa, **lá abaixo**[163].

---

[159] **da manhã**: in the morning
[160] **atrás da**: behind
[161] **ao lado da**: beside
[162] **lua cheia**: full moon
[163] **lá abaixo**: down below

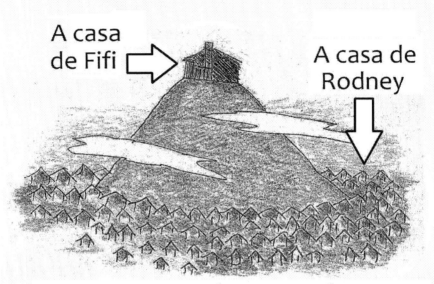

A casa de Fifi

A casa de Rodney

Eu posso ver minha casa, lá abaixo.

O pai de Fifi volta com dois copos de limonada. Me dá um copo y se senta com o outro copo.

«Sinto muito que minha filha possa ser tão bruta. Ela **deve**[164] falar com mais educação». Fifi está **com raiva**[165].

« Quer uma **bolacha**[166]? », me pergunta o pai.

---

[164] **deve**: should
[165] **com raiva**: furious
[166] **bolacha**: cookie

« Não vai me matar? », pergunto.

« *Não tenho que matar-te.* Somos gente civilizada. Você tem alguma coisa minha e vai devolver-me», diz o pai.

«Mas... os homens com pistolas...», **aponto**[167] com o dedo os três homens grandes com pistolas.

« Olha, só quero uma coisa. Quero a pintura. Não quero matar ninguém. Você vê **filmes demais**[168]. »

«Então... ¿posso ir embora? »

O senhor me olha como se eu fosse doido.

«Dá-me a pintura e não tem problema. Mas meus amigos... eles não são tão civilizados. **Então**[169], onde está a pintura? », me pergunta.

---

[167] **aponto:** I point at
[168] **filmes demais:** too many films
[169] **então:** so

Capítulo dez: Jéssica

Estou trabalhando rapidamente...

Jéssica

Estou trabalhando rapidamente para terminar a **armadilha**[170]. **Tinha feito**[171] um **gás sonífero**[172] com os materiais da classe de química. O gás fica numa **garrafa**[173]. Pus a garrafa sobre o sofá y pus a pintura sobre a garrafa.

«Quando **mexam**[174] na pintura», lhe digo a meu pai, «o gás sonífero vai sair da garrafa. Todos

---

[170] **armadilha**: trap
[171] **tinha feito**: I had made
[172] **gás sonífero**: sleeping gas
[173] **garrafa**: bottle
[174] **mexam**: they move

no quarto vão dormir, porque o gás sonífero é muito **forte**[175]».

« E nós? », me pergunta meu pai.

«Não vamos estar na casa», respondo, «vamos nos esconder atrás das árvores».

Eu não sabia que o pai de Fifi, seus amigos grandes com pistolas e Rodney **já estavam**[176] atrás das árvores olhando-me pela janela aberta. Viram tudo. Escutaram tudo. Sabem tudo. Quando saímos da casa, eles estavam nos esperando.

«Voltem à casa, por favor», diz uns dos homens com pistola, «e movam a pintura».

Eu olho para Rodney, que está atrás da árvore. Penso que pode ser **a última vez**[177] que nos vejamos.

« Rodney! », grito, «te amo. Te adoro. Quero **que sejas**[178] meu noivo».

Rodney não me olha.

---

[175] **forte**: strong
[176] **já estavam**: they already were
[177] **a última vez**: the last time
[178] **que sejas**: that you be

Não vamos estar na casa.

Te amo.
Te quero.
Te adoro.
Te amo.
Te quero.
Te adoro.
Te amo.
Te quero.
Te adoro.
Te amo. Te quero. Te adoro
Te amo. Te quero. Te adoro

Já sei.

«Já sei», diz Rodney, «sempre soube que me ama. Sinto muito, mais eu não amo você. Só quero **que faça**[179] as tarefas».

«Mas Rodney...», choro.

Meu papai move a pintura e me durmo imediatamente. Quando me desperto estou em minha cama. **Não há**[180] homens grandes com pistolas. Rodney não está. Não tem pintura. Não há máscaras. Não há nada.

São as sete da manhã e meu papai me grita, «Jess, levanta».

«Papai, que passou? »

Meu papai tem umas **manchas roxas**[181] grandes.

«**Esquece**[182]», me diz.

«Mas, o que vamos fazer? », lhe pergunto.

«Vou procurar um novo trabalho, e você vai ao colégio. Esquece tudo, é melhor assim».

---

[179] **que faça**: that you do
[180] **não há**: there are no
[181] **manchas roxas**: bruises
[182] **esquece**: forget it

«Mas Rodney... que passou com Rodney? »

Meu papai me olha com olhos tristes.

«Em sério, esquece tudo. »

Abro minha mochila e vejo que **o caderno**[183] da classe de química não está. Tampouco estão as tarefas que eu fiz.

Rodney já não precisa de mim.

Tudo está **perdido**[184].

---

[183] **o caderno**: the notebook
[184] **perdido**: lost

a

a,as: the, *não as compreendo* I do not understand them, *as vezes* sometimes
aberta: open *(adjective)*
abre: opens
abro: I open
acende: turns on
acha: believes, *(você)* you believe
achava: used to believe
acho: I believe, *acho que não* I don't think so
agora: now
aí: there
ainda: still
ajuda: help
ajudar: to help, *quero ajudar* I want to help
ajudei: I helped
alguém: somebody
algum, alguma: some, *alguma coisa* something
alguns: some
alta: tall
amarrada: tied up
amiga, amigo: friend
ama: love *(verb)*
amo: I love
amor: love *(noun)*

antes: before, *antes de comer* before eating, *antes de sair* before leaving
ao: to the, *ao lado* to the side, *ao me ver* upon seeing me
AP: advanced placement, college level course offered in many US high schools
apaixonar-se: to fall in love
aponta: aims, points at
aprovar: to pass *(grades)*, *aprovar no curso* to pass the course
aqui: here
armadilha: trap
armário: closet
arranca: start, *arranca o carro* starts the car
árvore: tree
assassinato: murder
assassinos: killers
assim: like that
até: even; until, *espero até as onze* I wait until 11pm, *até ter* until having
atrás: behind
aula: classroom
autêntica: authentic

b

baixando: going down

banco: bank
banheiro: bathroom
beijos: kisses
bem: well; quite, *bem prudente*
    quite sensible & careful, *bem-*
    vindos welcome
bem-vindos: welcome
boa, boas: good, *boas notas* good
    grades, *boa idéia* good idea
boca: mouth
bolacha: cookie
bolso: pocket
bom: good
bonita: pretty
brincadeira: joke
bruta: rude, coarse

C

cabeça: head
cabine: *cabine do banheiro*
    bathroom stall
cachorro: dog
cada: each
caderno: notebook
caixa: box
cama: bed
caminho: I walk
cara: face
cardápio: menu
carnavais: Carnaval celebrations

carro: car
carta: letter
casa: house
causou: caused
celular: cell phone
cem: one hundred
centavos: cents
chato: boring
chama: calls, *Como você se chama?*
    what is your name?
chame: *esperem que chame* wait
    for me to call, *não chame* don't
    call
chamei: I called
chamo: *me chamo* my name is
chega: arrives
chegar: *você pode chegar longe* you
    can go far
chego: I arrive
cheia: full, *a lua cheia* the full moon
chorando: crying
chorar: to cry
choro: I cry
chorona: crybaby
cidade: city
cinquenta: fifty
civilizada: civilized
claro: of course
classe: class
cocô: pooh, *para que Fifi faça cocô*
    so that Fifi can go pooh
coisa: thing, *qualquer coisa*
    anything
coleção: collection
colecionam: they collect

colégio: high school
colina: hill
com: with
come: eats
começar: to start
começa: starts
começo: I start, *começo a dizer* I start to say
começou: started
comer: to eat
comida: food
como: like, how, *como se fosse* as if he were, *como se estivesse chorando* as if I were crying, *como se estivesse louco* as if he were crazy
companheira: *companheira de laboratório* lab mate
completo: complete, *de completo* completely
comprar: to buy
comprando: buying
compreendo: I understand
comigo: with me
comum: common
conhece?: Do you know him?
conhecem: *todos o conhecem* everybody knows him
conheci: I met
copos: cups
coreografar: choreograph, plan the movements of a dance
corre: runs
corremos: we run
correr: to run

cozinha: kitchen
criança: child
criminal: criminal
cubro: I cover
cuidado: care; *tem cuidado* be careful
culpa: guilt, *tem a culpa* he is guilty
curso: course, *aprovar no curso* to pass the course

d

dá: gives, *lhe dá* gives to him or her, *você me dá nojo* you disgust me
dança: dance
dar: to give, *tem que me dar* he has to give me
darei: I will give
dê: gives, *para que me dê* so that he gives me
de, do, da, dos, das: of, *carta de amor* love letter, *de novo* again, *de verdade* really, *de repente* suddenly, *de completo* completely
debaixo: beneath
debilmente: weakly
decidem: they decide
deixem: leave, *me deixem em paz* leave me in peace
delito: minor crime

demais: too many

depois: after

desastre: disaster

desperta: *se desperta* she wakes up

desperto: *me desperto* I wake up

deve: should

devolvê-la: return her

dia: day

diarréia: diarrhea

diferença: difference

diferente: different

difícil: difficult

digo: I say

dinheiro: money

disse: said

diz: says

dizem: they say, *me dizem Jéssica* they call me Jessica

dizer: to say, *sem dizer* without saying

doenças: illnesses

doido: crazy foolish

dois: two

dólares: dollars

dono: owner

dormindo: sleeping

dormir: to sleep

dormitório: bedroom

dou: I give, *dou uma volta* I turn around

duas: two

dura: *não dura muito* does not last long

e

e: and

é: is, are

economia: economy

educação: good manners

ela: she, *por ela* for her

ele: he, *por ele* for him

eles: they

em: in, *em vez de* instead of

embora: *vou embora* I am leaving

empregado: employee

encontrar: to find

encontraram: they found

encontrei: I found

encontro: I find

engraçado: funny

ensinar: to teach

então: so, thus, therefore

entende: understands

entender: to understand

entram: they enter

entramos: we enter

entre: between

entro: I enter

era: it was

escada: staircase

escolares: *tarefas escolares* homework

esconde: hide

esconder: to hide
escrevendo: writing
escreveu: wrote
escrevi: I wrote
escrevo: I write
escuridão: darkness
escutam: they listen to
escutaram: they heard
escuto: I listen to
escutou: heard
especial: special
espera: waits for, *a espera* he waits for her, *espera!* wait!
esperava: *não esperava* he did not expect
esperem: wait
espero: I hope; I wait
esquece: forget about it *(command)*
esquecer: to forget
esta: that, *esta noite* that night
está: is, *está pensando* is thinking
estado: state
estamos: we are
estava: was, *estava pensando em* I was thinking about, *estava dormindo* was sleeping
esteja: *espero que ela esteja dormindo* I hope that she is sleeping
estão: they are
estiver: *cuando estiver morta* when I am dead
stou: I am, *estou fazendo* I am doing, *estou chorando* I am crying

estrangeiro: outside of the country
estudante: student
estúpido: stupid
eu: I
exames: exams
exemplo: *por exemplo* for example
existo: I exist
explica: explains
explicar: explain
explico: I explain
expressar: to express

faça: does, *para que Fifi faça cocô* so that Fifi can go pooh
fácil: easy
faço: I do
falando: talking
falar: to speak
falaremos: we will talk
falei: I spoke
falo: I speak
faria: I would do
fascinaram: *se fascinaram* they became fascinated
favor: *por favor* please
faz: does, makes, *me faz tonta* makes me foolish, *me faz uma pergunta* he asks me a question
fazê-la: to do it

fazem: they do, they make
fazendo: doing, *estou me fazendo de* I am pretending to be
fazer: to do; to make
fechar: to close
fecha: closes
fechando: closing
feito: made, *tinha feito* I had made
fica: remains
ficamos: we remain
ficar: to remain
fico: *fico triste* I become sad, *fico doido* I become crazy mad
figura: figure, shape
filha: daughter
filmes: films
fim: *por fim* finally
fiz: I did
flor: flower
floresta: forest
foge: escape *(command)*
foi: was, *Que foi?* What happened?
foram: they went
forte: strong
fritas: french fries
frios: cold
frustrada: frustrated
fugimos: we escape
fugir: to escape
fui: I was, *fui eu* it was me

g

ganhar: to earn
garota: girl
garrafa: bottle
gás: gas, *gás sonífero* sleeping gas
gastam: they spend
gente: us, *tem que vir com a gente* you have to come with us
gosta: likes
gostava: used to like
gostei: I liked
gosto: I like
grande: big
grita: shouts
grito: I shout

h

há: there is
hambúrguers: hamburgers
hipnotizá-la: hypnotize her
história: history
hoje: today
homem: man
homens: men
horroroso: horrible

i

ia: was going to
idéia: idea
imaginação: imagination
imediatamente: immediately
impaciência: impatience
importa: *não me importa* it does not matter to me, *se importa comigo* he cares about me
importava: *não se importava* it did not matter to him
importantes: important
impossível: impossible
inclusive: including
inteiro, inteiras: entire, *semanas inteiras* entire weeks, *o ano inteiro* the entire year
inteligente: intelligent
interessantes: interesting
investigador: investigator
invisível: invisible
ir: to go, *precisa ir* needs to go
irritação: irritation
isso: this, that, *por isso* for that reason, *O que é isso?* What is this?

j

já: already; *já não* no longer
janela: window
jaqueta: jacket
julgue: *não julgue* don´t judge

k

kit: *kit de química* chemistry kit

l

lá: over there, *lá abaixo* down below
lado: *ao lado* to the side
ladra: barks
late: barks
latidos: the barking
latindo: barking
lavar: to wash
lavava: used to wash
lavo: I wash

lavou: washed
lê: he reads
lembre: *para que ela não lembre* so that she does not remember
lembro: I remember
levanta: raises
leve: *para que leve a sério* so that he takes seriously
lhe: to him/to her
lhes: to them
lição: lesson
limonada: lemonade
limpa: cleans *(verb)*
limpas: clean *(adjective)*
livro: book
logo: soon after
loja: store
longe: far, *você pode chegar longe* you can go far
louca, louco: crazy
lua: moon, *a lua cheia* the full moon
lugar: place
luz: light

má: bad
mais: more, *mais alta* highest
mal: bad
malvado: wicked, cruel
manchas: *manchas roxas* bruises

maneira: way, *outra maneira* another way
manhã: morning
mãos: hands
mas: but
máscara: mask
matá-la: *temos que matá-la* we have to kill her
matar: to kill
materiais: materials
mato: I kill
me: me, *me pergunto* I ask myself
medo: fear, *têm medo* they are afraid
melhor: better
menina: girl
mesa: table
mesmo: *agora mesmo* right now
meu, meus: my
mexa: *não se mexa* don't move
mexam: *quando mexam na pintura* when they mess with the painting
mil: one thousand
milhões: millions
mim: *para mim* for me
minha, minhas: my
misterioso: mysterious
mochila: backpack
moço: young man
moderna: modern
molho: sauce
momento: moment
mora: lives
morar: to live

moro: I live
morra: die, *não se mexa ou morra* don´t move or you´re dead!
morto, morta: dead
museu: museum
música: music
muito: a lot

n

na: in, in the
nada: nothing
não: no, not
narcotraficante: drug trafficker
nem: not even, *nem sabe* he does not even know, *nem uma palavra* not even one word, *nem sempre* not always
nenhum, nenhuma: not a single, *nehuma palavra* not a single word, *sem nenhum adulto* without a single adult
ninguém: nobody
nivel: level
normalmente: normally
no: in the
noite: night
noiva: girlfriend
ojento: disgusting

nojo: disgust, *você me dá nojo* you disgust me, *Que nojo!* How disgusting!
nome: name
normal: normal
nos: us; in the
nós: us, *nós dois* the two of us
nossa: our
notar: to take notice, *me vai notar* he will notice me
notas: *boas notas* good grades
noventa: ninety
novo: new, *de novo* again
num, numa: in a, in an, *pensando numa* thinking about a
número: number
nunca: never

o

o: the; *o que* what
obcecados: obsessed
obscura: dark
óbvio: obvious
ocupada: busy
oi: hi
oito: eight
olha: looks, *a olha* he looks at her
olhando: looking at
olho: I look
olhos: eyes

onde: where

os: the; *os vejo* I see them

ótimos: great

ou: or

ouço: I hear

outra: other, *outra vez* another time

outras, outros: others

ouvir: to hear, *posso ouvir* I can hear

pagam: they pay for

pagar: to pay for

pai: father

pais: parents

países: countries

pálida: pale

papai: Daddy

papelzinho: little piece of paper

para: for, *para que* so that, *para sempre* forever, *para ele* at him, *para sair* in order to leave, *para mim* for me, *para que me dê* so that he gives me, *para que não possa ver* so that she cannot see, *para que ela não lembre* so that she does not remember

parar: to stop

parede: wall

paro: I stop, *paro de falar* I stop talking

parte: part

passa: passes; is happening

passam: they spend *(time)*

passou: happened Que passou? What happened?

pátio: patio

paz: peace, *me deixem em paz* leave me in peace

pé: foot, *ao pé da colina* at the foot of the hill

pedindo-lhe: asking him for

pedir: to ask

pegam: *se nos pegam* if they catch us

pegar: take

pela, pelos: through, *pelos dedos* through my fingers, *pela janela* through the window

pensando: thinking

pensa: he thinks

pensar: *sem pensar* without thinking

penso: I think, *penso nos meus problemas* I think about my problems

pequeno, pequenas: small

perco: I lose

perdeu: (he, she, you) lost *(verb)*

perdido, perdidos: lost *(adjective)*

perfeito: perfect

pergunta: asks; *uma pergunta* a question

pergunte: *para que me pergunte* so that he asks me

pergunto: I ask, *me pergunto* I ask myself

perigoso: dangerous

pessoas: people

piadinha: joke

pintura: painting

pirulito: lollipop

piscina: pool

pistola: gun, pistol

plano: plan

pode: can, *Pode ser?* Can it be?

podemos: we can, *não podemos* we cannot

poemas: poems

pois: since

polícia: police

ponho: I put

por: for, *por favor* please, *por exemplo* for example, *por isso* for this reason, *por fim* finally

porão: basement

porta-malas: trunk *(of a car)*

porque: because

porta: door

possa: can, *para que não possa ver* so that she cannot see

posso: I can, *posso ouvir* I can hear

pouco: little, *pouco a pouco* little by little

precisa: needs

precisamos: we need

precisava: needed

precisamos: we need

preciso: I need

prefere: prefer

preocupado: worried

preocupe: *não se preocupe* don´t worry

preparar: to prepare

prestar: *prestar atenção* to pay attention

primeiro: first

prisão: prison

problema: problem

procurar: search for

procuro: I search for

professor, professora: teacher

profissional: professional

prometeu: promised

Purell: the name of a brand of anti-bacterial cleaning product

pus: I put

q

qual: what, which

qualquer: any, *qualquer coisa* anything, *qualquer outro* any other

quando: when

quarto: room

quase: almost

que: that; *que idiota!* what an idiot!

quem: who

quentes: hot
quer: wants
querem: they want
quero: I want
química: chemistry

r

raiva: rage, fury, *está com raiva* is furious
rapaz: boy
rapidamente: quickly
rápido: quickly
recebo: I receive
reconheço: I recognize
repente: *de repente* suddenly
responde: responds
respondo: I answer
restaurante: restaurant
riem: *se riem* they laugh
rime: *que rime* that rhymes
rosto: face
rouba: steal
roubando: stealing
roubar: to steal, stealing
roubo: I steal

S

sabe: knows
sabem: they know
sabemos: we know
sabia: knew
sai: leaves
saiam: *quero que saiam* I want them to leave
saibam: *que saibam* that they know
saímos: we leave
saindo: leaving, *o plano está saindo bem* the plan is turning out well
saio: I leave
sair: to leave
saiu: turned out, *todo saiu mal* everything turned out badly
sala: living room
salada: salad
salvar: to save
são: they are
sarcasticamente: sarcastically
se: if
secreto: secret (adjective)
segundo: second
segundos: seconds
sei: I know
sejas: you be, *quero que sejas* I want you to be

m: without, *sem dizer* without saying, *sem pensar* without thinking
manas: weeks
mpre: always, *para sempre* forever, *nem sempre* not always
nhor: mister
nta: *se senta* sits down
nte: *não se sente bem* she does not feel well
r: to be
u, seus: his, her
êncio: silence
n: yes, *hoje sim é um dia perfeito* today sure is a perfect day
nto: I am sorry
: only; alone
bre: on top of, over
brenome: last name
fá: sofa
lução: solution
mos: we are
nhos: dreams
no: sleep, *tem sono* is sleepy
rri: smiles; I smiled
rrio: I smile
rriso: smile *(noun)*
u: I am
ube: knew
a, suas: his, her
bo: I climb up, I go up
gere: suggests
jo: dirty
rpresa: surprise
rpreso: surprised

t

talvez: perhaps
também: also
tampouco: neither
tanto: so much
tão: so, *tão pequeno* so small; as *tão estúpido como* as stupid as
tarefas: *tarefas escolares* homework
tchau: goodbye
te: you, to you, *eu te amo* I love you, *te darei* I will give to you
tem: has, *tem que* has to, *tem a culpa* he is guilty, *tem sono* is sleepy
têm: they have
temos: we have, *temos que* we have to
tempo: time
tenho: I have
terminar: to end up
terminando: finishing
terrível: terrible
teve: had, *teve que parar* he had to stop
tira: removes, takes out; *tira uma foto* takes a photo
tiro: I remove, take off
tive: I got

tivesse: *para que tivesse* so that he got

toca: knocks on

todo: all, *todos* everyone

toma: takes

tonta: foolish, *me faz tonta* it makes me foolish

trabalha: works

trabalhava: used to work

trabalho: I work; *meu trabalho* my job

trancada: locked

três: three

triste: sad, *fico triste* I become sad

trezentos: three hundred

tudo: everything

tweet: a message sent via Twitter, a social media app popular in the first part of the 21st century

u

última: last, *última vez* last time

um/uma: a, an

único: only

unicórnio: unicorn

universidade: university

usam: *se usam em vários países* are fashionable in several countries

usar: to use

uso: *o uso de* the usage of

v

vai: is going to, goes

vale: it is worth

vamos: we are going, are we going

vantagem: advantage

vão: they go

vários: several

vazio: empty

vê: sees, *me vê* he sees me

veja: look *(command)*

vejo: I see

velhas: old

vem: comes

ver: to see

verdade: truth, *de verdade* really

vermelho: red

vez: time, *outra vez* another time

vezes: times, *as vezes* sometimes

viagens: trips

vida: life

vir: to come, *tem que vir* you have to come

viram: they saw

viu: saw

viva: alive

você: you

volta: returns, *dou uma volta* I turn around

voltar: to return

voltem: they return
volto: I return
vomitam: they vomit
vomitavam: used to vomit
vou: I go, am going
voz: voice

1

brincadeira

precisa molho

restaurante

sujos nada

noiva lugar

floresta

química banheiro

amiga dou

lavo

silêncio problema

ninguém

comer ~ vez

mãos

quer arranca

minhas sujo

fritas sorriso

perfeito

pergunta corre

olha

explicar

vomita duas

pergunto

1

outra
limpas
compreendo

quero
mesa

preciso
cardápio
papelzinho

comida
empregado
digo
vai
especial
Trezentos
comprar

tarefas
carro
nojo
debilmente

sempre
sai falar
minutos
sabem

secreto
Bem-vindos

número
hambúrgueres
espera ensinar
gosta
surpresa

2

gosta
invisível
restaurante
chorando
máscaras
esquecer
ajuda aula
redação dólares
preocupado ganhar coleção
notas sabe
engraçado estudante
precisa
criança
dinheiro
piadinha casa
hambúrguers
Portugal mãos
importa
desastre
perdeu

economia
sobrenome
companheira
perfeito
mil compreendo
rapaz ninguém
pais hoje
coisas
química obcecados
gostava
pai culpa e
impaciência quase difícil
exames
pagar fechou
inteligente
curso
aprovar pergunta

3

México
latidos
investigador
precisa
Twitter
aula
ficar
pai
Jessica
colina
máscaras
escreve
tarefas
solução
casa
mochila
ajudar
carro
vermelho

química
ladra
passa
ganhar
reconheçe
dinheiro
cachorro
mora
rouba
fácil
dormindo
preocupe
entender
late
noite
Jasmine

4

quarto misterioso
química
dança pai livro
escrevendo
inteligente palavra
tweet acha
coreografar lembra
tarefas
estúpido idéia
porta
óbvio hoje
começa
expressar
ajuda

4

precisa

banco
ocupada
dormitório

problema

rapaz recebe-

solução

museu

encontrar

frustrada

pergunta

chorar poemas

escolares

amor

restaurante

5

aponta
acende
milhões
porta
conhece
culpa
latindo
vale
pode
mãos
moço
dólares
precisa
vida
pistola
voltar
levanta
diarréia
senhor
cachorro
Roubar
polícia
responde
obscura

problema

imaginação

sujo

luz cama

casa

escuridão cinquenta

roubar

• cara dormindo

pintura

autêntica louco

trancada

janela

cem

mão voz

quer pergunta

chegar

desperta

6

dinheiro

sabe

sério

falar

assassinos

esconder

amigos

restaurante

cachorro

devolvê-la

malvadas • filha — fácil

prisão

Califórnia

porta-malas

volta

problema

prefere

polícia

morta

quer

6

amarrada

perfeito

lugar

pequeno

doenças

procurar

engraçado

delito idéia

casa

má

roubar

noiva

vida cabeça

nada

professor

gosta mochila cuidado

disse garota

pais sugere

mãos

7

cabeça
perigoso
roubar
esconde sala
garoto
coleção
diarréia.
jaqueta quer
cozinha entra vai
foto pistolas
acha fugir
chora bolso
máscaras
secreto
celular porão
foge
doente garota
homens abre
banheiro
doido

noivo
entende
colecionam
mochila
pai
terrível.
morto
senhor
depois
encontrar
polícia falar
narcotraficante
velhas
moço
ajudar
baixando
sujo
janela
nojento
diz porta
surpreso
escada
parede
matar
horroroso
chegam

8

amor
velha
química
prometeu
devolver
precisam
filha
sabe
vida
diz
vai
tarefas
salvar
coleção
homens
corre
narcotraficante
volta
fica

vantagem
curso
pode
pintura
grita
kit
armário
máscaras
árvore
pai
tem
termina
apaixonar-se
plano
explica
janela
amigo
esconder-se
preparar
morto
papai

9

vê

bruta

gente

filmes

cidade

educação

piscina

três

vai

pistolas

pergunta

homens

pai raiva quer

problema

dáaponto

dedo

manhã
bolacha luz
devolver lua
copo pátio
olha •dormindo
coisa doido
•
demais
pintura
matar cheia
pode filha
duas
limonada
ninguém
falar

10

cama colégio
materiais
passou
noivo
abre sonífero
quarto
manchas casa
pintura
armadilha fica
forte vai gás
esconder terminar
esquecer
chora tarefas
dormir tudo
sofá
mochila
manhã

grandes
sabem
melhor
esperando
precisa
olha
perdido
vamos
homens
árvores
escutaram
garrafa
janela
pergunta
papai
responde
sete
química
soube
classe
máscaras
caderno
nada

Published by My Generation of Polyglots Press

Superhamburgers translated into French, Spanish and Portuguese

Normal Hamburgers: the graphic novel prequel to Superhamburgers written for level 1 students (and enjoyed in levels 2, 3 and 4!) available in Spanish December 2017, French and Portuguese in Spring 2018

Superhamburger & Superhamburger Detective Agency: the sequel to Superhamburgers with an incredible twist on the reading experience that will leave your students begging for more reading time! Available Spring 2018 in Spanish, French & Portuguese

Practical Advice for Teachers of Heritage Learners of Spanish: Essays by Classroom Teachers. This collection of personal essays addresses an urgent problem in language education: how to teach heritage learners of Spanish. From the unique issues of identity that many heritage learners face (and how that impacts our classes) to the unexpected obstacles that our students face in school, we discuss surprises that we have confronted and highlight our best strategies.

Subscribe to the blog for updates: *https://mrpeto.wordpress.com/* or do a google search for **My Generation of Polyglots**

34364313R00059

Made in the USA
Lexington, KY
21 March 2019